PINARD

PEDRO
MASTROBUONO

FERVOR

A SUBLIMAÇÃO
DE SENTIMENTOS
ATRAVÉS DA PINTURA
E DA POESIA

APRESENTAÇÃO

PEDRO MASTROBUONO

Almejo alcançar o público infantojuvenil na expectativa de dividir a experiência de como a literatura pode ser, de fato, um ferramental bastante útil para as incertezas e fases complexas da vida, como a puberdade.

As ditas "belas artes", em geral, são veículos de expressão de sentimentos, aptos a sublimação de pulsões e instintos. Muitos artistas dão vazão às suas produções agindo por compulsão, por real necessidade de expressar sentimentos que, muitas vezes, não são capazes de serem trabalhados de modo cartesiano através das linguagens convencionais. Pensamentos, revoltos pela emoção, podem encontrar alívio nas performances artísticas, nas suas mais diversas modalidades: pintura, escultura, dança, literatura etc.

Ainda muito jovem, assisti à uma cena que impregnou minha retina de forma indelével. Uma catarse representada, de forma magistral, pelo ator Peter O´Toole diante de um quadro de Van Gogh. Refiro-me ao filme "A Noite dos Generais", onde a personagem de O´Toole (General Tanz) contracenava com Omar Sharif (Major Grau), em enredo policialesco sobre assassinatos havidos em plena Varsóvia já ocupada pelos nazistas. Na cena em questão, que pode ser verificada pelo QR Code ao lado, o general alemão interpretado por O´Toole, elegantíssimo, de chapéu Borsalino e vestindo um impecável terno cinza, estava supervisionando a apreensão de obras de arte tidas por "degeneradas". Seguia inspecionando pinturas de Toulouse Lautrec, Renoir, Gauguin, Degas... quando se deparou com um autorretrato de Vincent Van Gogh. O efeito da pintura sobre o general foi avassalador. Em uma arrebatadora cena de poucos segundos, a catarse ocorre e o arrogante, aparentemente inabalável militar, esnobe de luvas negras, acaba por se descontrolar completamente, em meio a tremores e suores incontroláveis. Quase meio século depois, lembro-me ainda deste memorável e didático diálogo entre arte cênica e pintura, através do qual compreendi o conceito de sublimação de pulsões e sentimentos.

Nesta mesma época, cursando o ensino fundamental, fui confrontado com o processo da sucessiva perda de meus avós. A mortalidade, para mim, passou a ser um conceito mais tangível. Comecei a projetar como seria minha própria velhice, imaginando-me no então longínquo ano 2.000. Como eu seria? No que teria me transformado? Quando então, na sexta série do ginásio, como era chamado no meu tempo, consegui dar vazão aos sentimentos através de um soneto, o qual acabou premiado e publicado pela escola, titulado "O Coroa", cujos primeiros versos eram:

Fronte branca como a neve,
Distintivo de coroa.
No rosto um sorriso leve,
Produto da vida boa.

Já no ensino médio, minha então professora de português, percebendo minha compulsão por escrever, comprou-me um caderno que entregou junto com um desafio: que eu escrevesse dois textos toda a semana, o primeiro teria o tema sugerido por ela, já o segundo seria de minha livre escolha. E assim foi.

Há um par de anos, minha mãe ainda bastante ativa no alto de seus mais de oitenta anos, em um encontro casual, pelos corredores de um supermercado, trombou com minha antiga professora. Conversaram por alguns poucos minutos, ali mesmo de pé, e minha mestre mencionou os cadernos (que de um, viraram três) preenchidos ao longo dos anos do chamado "colegial". Ainda se lembrava de mim e guardava com carinho a recordação dessa fase. Mal sabe ela o quão importante essa sua iniciativa foi para mim. Talvez, ela tivesse em mente uma mera preparação para o vestibular, debruçando-me em exercícios de redação. Não obstante, para mim, converteu-se em poderosa válvula de escape, onde pude organizar ideias, durante as águas turvas da adolescência.

Eis, pois, a mola propulsora desta publicação. Espero poder mostrar um eficaz mecanismo de expressão, em especial para jovens.

Por fim, após minhas poesias, atrevo-me a compartilhar um texto crítico, que produzi de uma obra de Lasar Segall, repleta de conteúdo. Pintura que apresenta a característica de ter sido revisitada e alterada pelo próprio artista décadas depois. Como ela era inicialmente e como acabou, por fim, representada, tocou-me bastante. Uma vez mais, quis dar vazão aos meus sentimentos, organizar ideias. Seja em prosa poética, seja em texto analítico, procuro exemplificar a eficácia da escrita como terapia.

Aproveito a oportunidade para registrar, nesta apresentação, que a sinergia criada com o corpo docente da UFMS-Universidade Federal do Mato Grosso do Sul, onde estou concluindo meu Pós-doutorado em Antropologia Social-Cultural, trouxe-me grandes alegrias. Meu abraço apertado aos queridos amigos Prof. Dr. Marcelo Turine (Magnífico Reitor); Prof. Dr. Marcelo Fernandes (Pró-reitor de Extensão, Cultura e Esporte); Prof. Dr. Silvana Zanchett (Diretora do Campus de Coxim e proponente do meu Honoris Causa em Proteção ao Patrimônio Cultural); Prof. Dr. Maria Raquel Duran (minha Supervisora no Pós-Doc); Prof. Dr. Lia Brambilla (Diretora de popularização da ciência).

Agradeço muitíssimo às análises da Crítica Literária, imortal Ana Maria Bernardelli da ASL (Academia Sul-mato-grossense de Letras). Meus poemas lhe foram apresentados pela querida poetisa Delasnieve Daspet. Deixo aqui meu muito obrigado ao querido Estado do Mato Grosso do Sul.

PREFÁCIO

RABINO SHABSI ALPERN

Nosso querido Pedro nos surpreende mais uma vez com esta obra ímpar. São águas frescas e luz pura tão necessárias nos tempos atuais, poluídos e obscuros.

Pedro nos apresenta esta coletânea, embora pequena em seu tamanho, imbuída de grandes intenções e igualmente rica em seu conteúdo.

Tenho certeza de que a leitura e meditação destas páginas trarão frutos muito especiais para todos.

Formulo votos de que esta obra desperte interesse crescente de todos os leitores pelos assuntos aqui abordados.

Que seja a vontade Divina que cada um de nós alcance mais saúde física, paz de espírito e inspiração para a vida.

LASAR SEGALL
Família, 1934
Relevo em gesso moldado policromado
64 × 51 × 5 cm
Acervo do Museu Lasar Segall, Ibram/ Ministério da Cultura

TEMPO, MATÉRIA E ESPÍRITO

Um dia, um ano. Conceitos derivados do movimento de corpos celestiais. O tempo nasce da matéria. E antes? Antes, não existia antes.

É chegado o tempo. Dor, sofrimento e um novo corpo. A água lava o recém-nascido. Fusão da matéria com o espírito. Gestação e parto, tudo a seu tempo.

É chegado o tempo. Dor, sofrimento e um corpo envelhecido. A água lava o recém falecido. Crepúsculo e desenlace, tudo a seu tempo.

Quando o tempo começou, o Espírito pairava sobre as águas. As águas que trouxeram vida e a seu tempo, o dilúvio.

Em fragmentos de tempo, matéria e espírito se unem e se separam, lavados em água. Fragmentos de tempo, entre longos intervalos. Tudo a seu tempo.

ANÁLISE

ANA MARIA BERNARDELLI

O poema "Tempo, Matéria e Espírito", de Pedro Mastrobuono, explora a interconexão entre tempo, matéria e espírito, e a forma com que esses elementos se manifestam na experiência humana. Seu viés poético, mais do que afirmações, se configura como insinuações sutis sobre o que o leitor é convidado a refletir.

Mastrobuono também aborda a dualidade da existência humana, expressa através de nascimento e morte. O nascimento é descrito como um momento de fusão entre matéria e espírito, enquanto a morte é apresentada como um desenlace, em que a água lava o recém-falecido. Essas transições são apresentadas como partes intrínsecas do ciclo da vida, ocorrendo no seu devido tempo.

O autor canta mais sobre o que lhe foi passado por gerações do que sobre o que realmente expõe, anunciado em declarações/ versos impressionantes.

Ao mencionar o dilúvio e as águas que trouxeram vida, o poema alude a um senso de renovação e purificação, sendo a água um elemento simbólico que liga o tempo, a matéria e o espírito. O dilúvio, por sua vez, um marco importante na história, representando uma grande mudança ou recomeço.

Os fragmentos de tempo mencionados podem se referir aos momentos efêmeros da existência humana, nos quais a matéria e o espírito se unem e se separam. Esses fragmentos são momentos significativos ou experiências individuais, que ocorrem em intervalos variados. A referência aos longos intervalos sugere que esses momentos podem ser raros e valiosos, talvez representando momentos de transcendência ou epifania.

Os intrigantes versos de Mastrobuono propiciam intermináveis reflexões e, de algum modo, sintetizam as crenças e o controle artístico de seu fazer poético.

Há na incisiva repetição dos conceitos "dor e sofrimento" uma constatação que o poeta não explica, mas que o leitor assimila como verdadeiros e inerentes à humanidade.

O poema é um texto vigoroso, sábio e demonstra, na verdade, sinais indiscutíveis da realidade temporal cuja gênese e desenvolvimento nos são apresentados envoltos nos mais sofisticados conceitos. A nós, só nos resta, capitularmos à sua força indelével e ininterrupta.

LASAR SEGALL
Rolo de Torá, 1933
Guache sobre papel
44,5 × 25,0 cm
Acervo do Museu Lasar Segall, Ibram/ Ministério da Cultura

ESSÊNCIA

O mais básico, o mais central.
Ao mesmo tempo, substância aromática.
Extração da matéria, extrato.
Aquilo que vem do âmago.

Na juventude, sensação de imortalidade.
Ausência de preocupação com o porvir.
Sensação de onipotência, eterna mocidade.
De onde veio? Do íntimo. Essência soprada.

Quando a preocupação com o quotidiano chega?
Quando o sagrado é separado do profano?
Especiarias aromáticas nos devolvem a alegria.
Encorajamento. Bessamim.

Quando estabelecemos contato, conexão.
Quando buscamos interação, influência.
Amor filial em busca de direcionamento.
Compartilhamento, matinal e vespertino.
Especiarias aromáticas. Ketoret.

Quando a culpa incomoda, confunde.
Quando a vontade de limpeza se impõe.
Quando a autocrítica não é suficiente.
Oferendas, sacrifício mais sagrado. Um odor agradável.
Haolá.

*O fogo do altar permanece eternamente aceso. Fé que se
renova, cinzas que são diariamente removidas e jogadas fora.
Roupas já sem máculas, novamente vestidas. Renovação.
Perfume de limpeza.*

*A essência não foi enxergada, nem mesmo pelo mais humilde.
Impossibilidade de vida.
Rosto contra a fenda, protegido pela rocha.
A essência passou, vislumbrada apenas.
Dela, restava-nos apenas a sensação, Sua presença. O rastro
da doce Essência.*

ANÁLISE
ANA MARIA BERNARDELLI

O poema é aquele momento de apreciação sobre o qual pensaremos e falaremos. São objetos de palavras ora nos seus sentidos, seus referentes, sons, ritmos, ecos, aromas e essência, embora esta jamais seja compreendida na totalidade.

"Essência" aborda a ideia de uma essência fundamental e central, que permeia a existência humana. Começando com uma descrição do mais básico e central, o poema sugere que essa essência é, metaforicamente, uma substância aromática, que evoca sensações olfativas e emocionais. Através da extração da matéria e do extrato, essa essência é revelada como o que vem do âmago, do mais profundo interior, guardando, no entanto, seus insondáveis mistérios.

O poema então explora a experiência da juventude, onde há uma sensação de imortalidade e ausência de preocupações futuras. Essa sensação de onipotência e eterna mocidade é descrita como proveniente do místico sopro... Porém, a preocupação com o cotidiano, a separação do sagrado e do profano, chegam em algum momento. Nesse ponto, especiarias aromáticas, como Bessamim, são mencionadas como algo que pode trazer alegria e encorajamento.

O autor, ao inserir nos versos aspectos culturais, desnuda a si mesmo, e objetos e ações entram em sua natureza e se confundem com ele. Cada escolha que o poeta faz delimita sua arte e faz com que o poema cintile.

A busca por conexão e interação é apresentada como

um momento de estabelecer contato com essa essência. O amor filial, a busca por direcionamento e o compartilhamento são destacados como parte desse processo. Novamente, especiarias aromáticas, como Ketoret, são mencionadas como um norte, um farol nessa busca.

O poema também aborda a presença da culpa e a necessidade de limpeza e autocrítica. Oferendas e sacrifícios são mencionados como um ato sagrado que traz um odor agradável, Haolá. Isso implica uma busca por purificação e renovação através de rituais.

A imagem do fogo do altar permanecendo eternamente aceso sugere uma fé que se renova constantemente. Cinzas são removidas e roupas são vestidas novamente, simbolizando uma renovação cujo perfume agradável vale por si – e cristaliza a ideia de que se merece existir.

No final do poema, a essência é descrita como o que não foi enxergado em plenitude, nem mesmo pelo mais humilde. Ela é vislumbrada apenas, deixando um rastro e uma sensação de sua presença. Essa essência é doce e poderosa e deixa uma marca duradoura.

Para atingir esse estágio poético, o poeta pôs em prática todos os recursos que são do seu fazer – seu tempo, sua imaginação, sua sensibilidade, seu léxico, suas emoções, sua cultura...

Em termos de interpretação literária, o poema explora a natureza essencial e transcendente da existência humana. A essência mencionada é apresentada como o intangível e profundo, que pode ser sentido e experimentado, mas não plenamente compreendido. O uso de especiarias aromáticas ao longo do poema cria uma conexão sensorial e simbólica com essa essência, evocando emoções e sentimentos, tanto relacionados à juventude, preocupações mundanas como à busca por direção, purificação e renovação espiritual. A linguagem poética e as referências religiosas, como oferendas e o fogo do altar, adicionam camadas de significado e transcendência à exploração desses temas.

"Essência" convida o leitor a refletir sobre a natureza essencial da vida e a busca por uma conexão profunda e transcendente com algo maior do que nós mesmos. O poema nos lembra da importância de buscar significado, purificação e renovação em nossa jornada espiritual.

LASAR SEGALL
Rabino com alunos, 1931
Aquarela e guache sobre papel
37,5 × 48 cm
Acervo do Museu Lasar Segall, Ibram/ Ministério da Cultura

VERBALIZAÇÃO

Como verbalizar esse sentimento?
Como ordenar ideias, buscar palavras?

Em hipotermia pela frieza do entorno,
minha alma anseia por Teu calor, aconchego.
No azul profundo da indiferença,
minha alma espera, no vermelho sangue.
Como verbalizar esse sentimento?
Como ordenar ideias, buscar palavras?

Como um filhote assustado, frágil,
Espero deitar aos Teus pés. Temor, respeito.
Nestes intensos ruídos da batalha,
minha alma insiste em buscar o silêncio dos sábios.
Harmonia.
Como verbalizar esse sentimento?
Como ordenar ideias, buscar palavras?

Ao contrário do que dizem,
a idade me trouxe impaciência, ânsia e
intolerância à mediocridade.
Mas ainda é tempo de refinar impulsos, auto-adestramento.
Deixar meu Egito.
Como verbalizar esse sentimento?
Como ordenar ideias, buscar palavras?

Lição de casa ainda inacabada, que traz cansaço e preguiça
pueris.
Vontade de férias com você Pai, sentindo Teu calor,
Teu aconchego, Tua proteção.
Como verbalizar esse sentimento?
Como ordenar ideias, buscar palavras?

Não se esqueça, por favor, que toda escola termina, que toda
tarefa acaba.
Não sei do meu desempenho. Lembre-se que todo aluno quer
sim voltar para casa.
Redenção.

ANÁLISE

ANA MARIA BERNARDELLI

Poesia é arte específica das palavras. Poesia é respiração; é pausa; é silêncio; é linguagem concentrada que ora se retrai, ora se estende...

Toda verbalização/ linguagem tem um quê de poesia e, por isso, múltiplos são os seus sentidos. Tanto trabalha analogias, metáforas, quanto explora coincidências da própria vida que, por sua vez, pode ser rude e/ ou suave.

Daí verbalizar sentimentos, pensamentos, torna-se tarefa árdua – a vida e o mundo são verdadeiros atos de criação poética.

O poema "Como verbalizar esse sentimento?" apresenta uma reflexão sobre a dificuldade de expressar um sentimento profundo e a busca por palavras adequadas para transmitir essa experiência emocional. O autor explora diferentes emoções e anseios, usando imagens e metáforas para transmitir sua busca por significado e conexão.

Em termos de crítica, pode-se dizer que o poema utiliza uma linguagem um tanto abstrata, o que configura leituras as mais diversas. As perguntas repetidas ao longo do poema sobre como verbalizar o sentimento e ordenar ideias longe de serem excessivas dão o tom de inquietações ao avançar significativamente na exploração do tema central.

Ao tecer uma crítica, tem-se o cuidado de traçar um olhar inquiridor para aspectos que vêm ao encontro dos elementos criativos, completando a compreensão plena das ideias expostas. Além disso, a descrição das emoções e sensações apresentadas no poema revelam-se muito claras e confirmam a conexão emocional entre o autor e o leitor. As metáforas e imagens usadas, recursos para tal situação poética, são interessantes, bem diluídas e contextualizadas para que o leitor possa realmente se envolver com elas.

Outra questão é que o poema se concentra nas dificuldades de expressar os sentimentos para, deste ponto, atingir a própria essência dos sentimentos. Ademais, a transição entre as diferentes partes do poema demonstra cuidadosa articulação e poética coesão. Há, enfim, uma conexão clara entre as imagens e as emoções apresentadas, o que torna a progressão do poema coerente e fluida.

O poema, na sua totalidade, tem uma significativa veracidade – o difícil e esmagador trabalho de verbalizar sentimentos pelas palavras e a tentativa do poeta/ autor constitui um louvável esforço de criação poética.

LASAR SEGALL
Judeu em orações III, 1930
Óleo com areia sobre tela
65 × 46 cm
Acervo do Museu Lasar Segall, Ibram/ Ministério da Cultura

JAULA
SACUDIDA

Na antiga jaula, lado a lado, fera e domador.
Grades velhas, contorcidas, mas que ainda confinam.

Décadas de convívio imposto, reduzem confronto a mero
olhar de censura. Convívio mais silencioso. Ex-fera, exausto
domador.

Não obstante, nas altas madrugadas, ainda se ouve o ranger
das grades sacudidas. Desejo de escapar. Sem gritos, porém.

Um anjo notívago testemunha o fenômeno. Perplexo, ante
o fato de quem sacode as grades. A fera repousando, assiste
impávida.

Certo livro nas mãos. Corpo velho se sacode, ainda confina.
Instintos, já quase indiferentes, assistem o debater da alma
pressentindo a presença angelical.

ANÁLISE

ANA MARIA BERNARDELLI

Quando o poeta se propõe a criar, ele faz escolhas, infinitas. Sua liberdade para tal é vertiginosa. Às ideias são vedadas restrições. Nesses momentos, ele se fecha com as palavras: modifica-as, adiciona elementos, reduz versos até o instante em que o poema deva ser o que deve ser. Pedro Mastrobuono, para criar "Jaula Sacudida", mergulhou em seus mais profundos estágios da imaginação e aí esbanjou seu tempo, sua sensibilidade, sua experiência, suas emoções e gestou o intrigante poema em que atemporalidade e universalidade encantam e ao mesmo tempo expõem a grandeza do poema.

"Jaula Sacudida" é um poema que descreve a relação figurativa entre uma fera e um domador em uma antiga jaula. O poema evoca imagens de confinamento, limitação e a passagem do tempo. A análise do poema revela uma atmosfera de resignação e questionamentos sobre a liberdade.

O primeiro verso do poema estabelece a dinâmica entre a fera e o domador, que compartilham o mesmo espaço na jaula. As grades velhas e contorcidas são símbolos da prisão física e metafórica que confina os dois personagens. O uso do termo "ainda confinam" sugere que, mesmo com o passar do tempo, a jaula continua sendo um espaço de restrição.

O segundo parágrafo revela que a convivência forçada entre a fera e o domador ao longo de décadas transformou o confronto em um simples olhar de censura. A passagem do tempo diminuiu a intensidade do relacionamento, tornando-o mais silencioso. A expressão "ex-fera, exausto domador" sugere que ambos estão cansados e desgastados pelo tempo de convívio.

No entanto, nas "altas madrugadas", ainda se ouve o ranger das grades sendo sacudidas. Esse desejo de escapar é descrito como um fenômeno noturno, indicando que, mesmo cansados, os personagens ainda almejam a liberdade. A ausência de gritos nesse desejo de fuga sugere uma resignação silenciosa, como se a fera e o domador tivessem aceitado sua condição.

Um anjo notívago é apresentado como testemunha desse fenômeno. Sua perplexidade indica que algo incomum está acontecendo. A fera, agora em repouso, observa impassível. A presença do livro nas mãos do domador sugere que a busca pela liberdade se dá também no âmbito do conhecimento e do crescimento pessoal. O "corpo velho se sacode, ainda confina", demonstrando uma luta interior em busca da liberdade mesmo diante das limitações físicas.

Os instintos da fera e do domador são descritos como "quase indiferentes", indicando que o tempo e o confinamento os enfraqueceram. No entanto, eles são capazes de perceber e pressentir a presença angelical, sugerindo uma esperança ou anseio por algo além da jaula.

"Jaula Sacudida" retrata a dualidade entre a resignação e o desejo de liberdade. Os personagens estão confinados em uma jaula física e emocional, mas ainda há vestígios de um anseio por escapar. O poema evoca reflexões sobre as restrições impostas pela vida e sobre a busca pela liberdade mesmo em circunstâncias adversas.

CELEBRAÇÃO AO JUDAÍSMO NA PINTURA DE LASAR SEGALL

PEDRO MASTROBUONO

Após uma vida no colecionismo de obras de arte, dedicada também à catalogação sistemática e ao registro memorialista de artistas plásticos, pela primeira vez, deparei-me com uma pintura, de modo inebriante, assim, rica em significado. Por certo que, quando o assunto é religião, antigos utensílios e objetos de culto, ainda que não mais utilizados em rituais, podem manter o mistério e a beleza plástica, convertendo-se em verdadeiras obras de arte. Não obstante, a pintura de Lasar Segall, sobre a qual desejo tecer algumas digressões, mantém a capacidade de nos conectar ao Divino, tal qual um objeto sagrado, mesmo não tendo sido utilizada em quaisquer cultos. Há, ainda, importantes aspectos históricos sobre imigração judaica no Brasil. Mas, sobretudo, salta aos olhos a importância desta pintura em face do Modernismo brasileiro, já que fora concebida em 1925, apenas três anos após a celebradíssima Semana de Arte Moderna.

Diariamente, religiosos judeus no mundo todo, em suas rezas matinais, fazem uma benção e, em ato contínuo, cobrem-se com o denominado "Talit Gadol" (manto religioso com listras e franjas nos quatro cantos), enaltecendo o Todo Poderoso e dizendo: "Tu te vestes com majestade e esplendor". Rezam as tradições judaicas que Moisés pediu para ver a face do Eterno, que lhe respondeu negativamente, dizendo que homem algum poderia vê-lo de frente e continuar vivendo. Ordenou, então, que Moisés se escondesse na fresta de uma rocha e, logo após o Eterno ter passado, poderia sair e vê-lo apenas pelas costas. O significado religioso, amplamente difundido, desta passagem, é de que não podemos ver a essência do Divino (seu rosto), mas podemos, ao menos, perceber seu vulto (sentir sua presença). Nesta famosa passagem, plena de significado, o Todo Poderoso vestia um "Talit Gadol" exatamente como o da pintura, como é lido na oração matinal: "envolto em luz como uma roupagem".

Depreendemos, pois, que o momento retratado na obra de Segall é de orações. Nota-se, também, a ausência de "Tefilin" (duas pequenas caixas de couro que contém pergaminhos sagrados e que são colocadas diariamente no braço, próximo ao coração e, também sobre a testa, alinhando assim sentimentos e pensamentos nos momentos de oração), fato que induz se tratar do dia de "Shabat" (sétimo dia da semana, dedicado ao descanso, onde tais caixas com pergaminhos não são utilizadas). A mão esquerda da personagem segura as franjas do referido manto ("Tsitsit" – feitas de cordas, em que cada nó simboliza uma das obrigações da Torá, as denominadas "Mitsvót"). Aqui uma nova sugestão: retrata-se o exato momento das bênçãos prévias à importante oração do "Shemá Israel", intitulada "Ahavat Olám", posto que, ao recitar o trecho "Traze-nos dos quatro cantos da terra", juntam-se tais franjas do Talit, permanecendo assim seguras na mão esquerda, aguardando o momento em que devem ser observadas e beijadas, durante a leitura do parágrafo denominado "Vaiômer Hashem". Sugestões que, desde logo, captam a atenção, criando fascínio não só naqueles que possuem alguma familiaridade com as orações judaicas. Pintura instigante.

Feitas tais constatações, pergunta-se: seriam estas as únicas conclusões a que um observador atento poderia chegar? Ledo engano. Ainda nos aspectos de natureza religiosa, cumpre-nos registrar os textos selecionados por Segall e que figuram no livro por ele retratado, localizado na mão direita da personagem. Do lado direito do livro, consta um versículo do "Tehilim" (livro dos Salmos), 53:3: "Dos céus o Eterno perscruta os homens para verificar se alguém se preocupa em buscar a D'us". Já do lado esquerdo do mesmo livro, consta parte de uma Mishná do "Pirkê Avot" (Ética dos Pais) 3:10: "... todo indivíduo que seus semelhantes não se comprazem com ele, D'us também não Se compraz com ele". Na linha de baixo, o pintor escreve seu próprio nome: [Las]ar Segall, assinando assim tal pintura com letras do alfabeto hebraico.

Além de tantos tesouros religiosos, tão magistralmente representados na pintura, há aspectos ligados à história do Modernismo no Brasil. O Iphan – Instituto do Patrimônio Histórico e Artístico Nacional, através de exames laboratoriais não invasivos, constatou que a pintura atual (datada de 1954) sobrepõe-se a outra, uma primeira versão (de 1925), feita apenas três anos após a celebradíssima Semana de Arte Moderna. As imagens desta primeira versão estão depositadas no Museu Lasar Segall, no próprio Iphan e, ainda, no acervo documental do então MinC – Ministério da Cultura.

Cabem aqui, algumas reflexões. Do ponto de vista da documentação do desenvolvimento do movimento Modernista, o quadro ganha agora relevância histórica. Pictoricamente também, posto que revela um Lasar ainda tímido em 1925, época onde Tarsila do Amaral e Anita Malfatti já se arriscavam em obras audazes. Depois, em 1954, quando revisita sua obra, um Lasar Segall mais maduro, já consagrado, reveste tal pintura com o mistério e o fascínio atuais, deixando-a absolutamente deslumbrante.

As digressões acima já seriam mais que suficientes para desnudar a importância desta obra. Não obstante, há ainda os aspectos inerentes ao processo de imigração da Família Segall.

Consta que o lituano Lasar Segall, nasceu na pequena cidade judaica de Vilna em 1889. Filho de Esther Ghodes Glaser Segall e Abel Segall. Lasar era o sexto filho da numerosa família. Seu pai, Abel, além de negociante, exercia a função de "Sofer", escriba da Torá, portanto alguém de ampla vivência religiosa. Ocorre que a Família Segall é muito antiga e tradicional naquela região, havendo episódios relatados em livros bastante difundidos. Note-se, por favor, que na versão de 1925, o religioso estaria em um ambiente externo. Já na versão de 1954, o religioso, que agora ostenta feições próximas dos traços fisionômicos de seu pai Abel, está em uma biblioteca, com livros judaicos ao fundo e uma discreta cortina no lado esquerdo da tela. Esta é justamente a ambientação clássica das obras da região de origem da Família Segall: nelas, é assim que os grandes mestres e rabinos eram representados. Salta aos olhos a semelhança da ambientação de fundo com a obra denominada "Gaon de Vilna".

Tudo isso somado tem importância, não só como símbolo da imigração judaica no Brasil, mas com relevância mundial em face da religiosidade judaica ali tão lindamente representada. E, até mesmo para aqueles atentos aos números, "cinco" está presente nas duas versões: 1925, 1954. Os segredos e as riqueza dos conteúdos ocultos dessa deslumbrante obra, como tradições, leis e costumes, que governam a vida prescrita pela Torá, são, assim, aos poucos, reveladas e trazidas à luz, registradas em um primor de pintura.

Estamos no período das grandes festas, nas proximidades do jejum de Yom Kipur. Assim, imbuído no espírito desta obra prima de Segall: Gmar hatimá Tová – que sejamos todos inscritos no livro da Vida e da Paz.

LASAR SEGALL
Judeu em orações II, 1925
Pintura à óleo sobre tela
64 × 51 cm
Pintura sobreposta por *Judeu com livro de orações*, 1954
Fotografia - Acervo do Museu Lasar Segall, Ibram/ Ministério da Cultura

LASAR SEGALL
Judeu com livro de orações, 1954
Pintura à óleo sobre tela
64 × 51 cm
Acervo do Museu Lasar Segall, Ibram/ Ministério da Cultura

POSFÁCIO

DELASNIEVE DASPET

Pedro Mastrobuono.

Recebi o convite e o aceitei. Já fiz vários posfácios, apresentações, comentários... Mas este é diferente... Parece tão simples e fácil...

Parece!

A obra de Pedro Mastrobuono chama seu leitor para refletir entre tempo, matéria e espírito, e a ação desses elementos no ser humano. Trabalha com versos livres, melódicos, sem obrigações quanto a rima e metrificação. Um poema de asas abertas. Livre, dentro de sua forma. Eu aprecio poemas livres. São envolventes, ainda que os temas abordados sejam altamente filosóficos. A rima não me dá nenhum alento... ao contrário, desvanece o poema.

Pedro Mastrobuono deixa fluir com tranquilidade seu voar entre as palavras. Foge dos padrões embaralhados e empoeirados do classicismo. Uma forma moderna que se adequa a qualquer tema. Trabalhou e trabalha a sua forma de poetar por todos os caminhos possíveis e imaginados.

Escrever poesia é traçar por metáforas e parábolas as curvas do cotidiano. É levar com naturalidade os sentimentos existenciais de afeto, sensibilidade e outras várias emoções e reflexões que nos evoca a sensibilidade aos valores e necessidades; é, ainda, a aguda percepção da rudeza e dos nossos limites. Somos pouco capazes de apreender, por exemplo, a coerência entre a visão de mundo literário sonhado e construído por Pedro.

Pela amplitude, originalidade, clareza e objetividade, a obra de Pedro, certamente, veio para ficar e assumir o seu espaço na ordem das coisas. Ele está comprometido com ofício. É um poeta empreendedor. Consegue transmitir com sua forma literária, com sua poesia, às páginas de seu livro, o entusiasmo do amante, do criador. De quem tem algo a dizer. Por exemplo:

> *Na juventude, sensação de imortalidade.*
> *Ausência de preocupação com o porvir.*
> *Sensação de onipotência, eterna mocidade.*
> *De onde veio? Do íntimo. Essência soprada*
> (*in* Essência)

O leitor, não deixará de perceber, sua capacidade magistral de retratista da paisagem humana e social, por exemplo em:

> *Um dia, um ano. Conceitos derivados do movimento de corpos celestiais.*
> *O tempo nasce da matéria. E antes? Antes, não existia antes.*
> *É chegado o tempo. Dor, sofrimento e um novo corpo.*
> *A água lava o recém-nascido. Fusão da matéria com o espírito.*
> *Gestação e parto, tudo a seu tempo.*
> (*in* Tempo, Matéria e Espírito)

Ou, com inúmeros artifícios com os quais mostra com clareza sua opinião, em:

> *Ao contrário do que dizem,*
> *a idade me trouxe impaciência, ânsia e*
> *intolerância à mediocridade.*
> (*in* Verbalização)

O livro oferece ao leitor um relato das vicissitudes... de suas paixões e perdições. Retrata sua alma em *Jaula Sacudida*:

> *Na antiga jaula, lado a lado, fera e domador.*
> *Grades velhas, contorcidas, mas que ainda confinam.*
> *Décadas de convívio imposto, reduzem confronto a mero*
> *olhar de censura.*
> *Convívio mais silencioso.*
> *Ex-fera, exausto domador*
> (*in* Jaula Sacudida)

Maravilhei-me com o trabalho, a criação, a poesia e a inspiração do Pedro. E, agradeço por oportunizar-me conhece-lo e a sua arte, porque sei que inspiração e transpiração andam juntas, como diria Oscar Wilde na paródia ao lema de Apelles: "Toda a manhã estive trabalhando na prova de um dos meus poemas, e retirei uma vírgula. De tarde eu a repus".

Assim, o poeta circula, livremente, transformado em versos que o impedirão de morrer, pois a poesia é vida, outra razão de ser...

Deixo aos leitores, em preto e branco, a colorida poesia de Pedro Mastrobuono.

PEDRO MASTROBUONO

Presidente da Fundação Memorial da América Latina, nomeado para um mandato de quatro anos pelo Governador Tarcísio de Freitas, exerceu a Presidência do Instituto Brasileiro de Museus – Ibram por três anos consecutivos, sendo o segundo presidente mais longevo da referida autarquia federal.

Agraciado pelo Senado Federal com a Comenda Luís Câmara Cascudo por sua relevante contribuição ao fortalecimento da cultura no país, foi vice-presidente da principal comissão de Cultura da OAB, intitulada 'Comissão Especial de Direito às Artes", e é Embaixador da Paz junto ao *Cercle Universal des Ambassadeurs de la Paix*, entidade suíço-francesa.

É Pós-doutorando junto a Universidade Federal do Mato Grosso do Sul (UFMS) em Antropologia Cultural. Advogado pela PUC-SP, com forte atuação na área de Direitos Autorais, graduou-se também nos cursos de *Storia dell'Arte Italiana* e de *Letteratura Italiana* pelo Instituto Italiano di Cultura, órgão ligado ao governo da Itália. É Doutor Honoris Causa em Cultura e Proteção ao Patrimônio Histórico e Cultural pela UFMS.

Mastrobuono é membro fundador e ex-presidente do Instituto Alfredo Volpi de Arte Moderna. Em sua trajetória, presidiu também a Associação dos Amigos do Museu de Arte Contemporânea (AAMAC) da Universidade de São Paulo (USP) e, ainda, o Instituto de Arte Contemporânea

(IAC), então ligado à USP. Foi membro efetivo do Conselho Consultivo do Patrimônio Cultural do IPHAN (Ministério da Cultura), onde atuou na Câmara Setorial de Bens Móveis e Integrados, e na Câmara Setorial do Patrimônio Material.

Também é membro do Conselho Deliberativo do Museu de Arte de São Paulo Assis Chateaubriand (MASP); do Conselho do Museu Lasar Segall; e do Conselho do Projeto Leonilson. Integrou a Comissão do Fundo Nacional da Cultura (MinC) e foi presidente do Conselho Consultivo do Patrimônio Museológico (MinC), membro da Comissão Nacional de Incentivo à Cultura e membro do Comitê Consultivo do Programa Pontos de Memória. É membro efetivo do Internacional Council of Museums (ICOM), da UNESCO.

RABINO SHABSI ALPERN

Rabino Shabsi Alpern, emissário do Rabino Chefe do Movimento *Chabad, Menachem Mendel Schneersohn (Lubavitcher Rebbe)*, foi enviado ao Brasil há mais de 50 anos. Rabino Alpern é, pois, fundador e líder da entidade beneficente *Beit Chabad* do Brasil, reconhecido como uma das principais autoridades do judaísmo ortodoxo no país.

Foi responsável por abrir, pessoalmente, uma unidade *Beit Chabad* em cada capital brasileira, por mais de dezoito anos suportadas por ele próprio a partir da unidade *Beit Chabad* Central de São Paulo.

Criador de inúmeros e renomados projetos sociais, premiados no Brasil e no exterior, como o Projeto Felicidade, voltado para crianças carentes em tratamento de câncer em hospitais públicos das regiões norte e nordeste do país, levando-as, junto com familiares, para visitas em museus e atividades culturais em São Paulo, proporcionando-lhes momentos lúdicos, com efeitos práticos reais na alegria, na esperança e na autoconfiança.

ANA MARIA BERNARDELLI

Ana Maria Carneiro Bernardelli, eleita para Academia Sul-mato-grossense de Letras, é poeta, ensaísta, crítica literária e palestrante. Graduada em Letras, professora especialista em Literatura Brasileira e Portuguesa. Musicista certificada pelo Centro de Artes do Rio de Janeiro.

Formada em Língua e Literatura Francesa pela Université de Nancy, na França, é membro da Comissão Sul-mato-grossense de Folclore. Durante três décadas, de 1974 a 2000, exerceu o magistério desde o ensino básico até a Universidade, onde priorizou o ensino de Literatura Brasileira e Literatura Portuguesa.

Publicou, em 2014, a coletânea de poemas "Emoções gota a gota, uma obra intertextual: poesia, pintura e música". Em 2017, coorganizou "101 Reinvenções", uma Antologia de 101 poetas do Mato Grosso do Sul, com poemas inspirados na poética de Manoel de Barros. No ano seguinte, lançou o "Prosas e Segredos da Morena", uma coletânea de contos baseados na cidade de Campo Grande (MS) e "101 Reinvençõezinhas", uma antologia de poemas infantis. Em 2020, publicou o livro de poemas "Na Trilha das Formigas".

DELASNIEVE DASPET

Delasnieve Miranda Daspet de Souza é advogada, poeta e escritora. Também é referência na promoção da paz, sendo premiada nacional e internacionalmente na área da literatura, cultura, direitos humanos e paz.

Com 19 livros publicados, teve obras traduzidas para línguas como francês, alemão, inglês, espanhol, húngaro, coreano (poesia), russo e indiano. Autora do anteprojeto da Lei do Dia do escritor de Mato Grosso do Sul, fundou a Associação Internacional de Poetas e a Academia Feminina de Letras e Artes do mesmo estado, sendo atualmente a presidente de ambas as instituições. É membro da união Brasileira de Escritores de São Paulo e eleita para o PEN Clube do Brasil.

É representante no Brasil do *Cercle Universel des Ambassadeurs de la Paix* – França/Suíça, além de ser *Ambassadeur de la Paix* e Diretora no Brasil do *International Forum for the Literature and Culture of Peace* (IFLAC) – Israel. Além disso, atua como Vice-Presidente da *Global Harmony Association* (GHA), *Global Peace Foundation* e GHA *Ambassador of Peace and Disarmament from Harmony in Latin America* – Rússia.

LASAR SEGALL

Lasar Segall nasceu em 1889 na cidade de Vilna que na época pertencia ao território da Rússia. Em 1906 ele emigrou para a Alemanha onde deu continuidade ao seu aprendizado artístico nas Academias de Arte de Berlim e Dresden. Em 1923 Lasar Segall migrou novamente, desta vez para o Brasil.

As obras do artista começaram a ser aceitas em coleções públicas e privadas na Alemanha, especialmente a partir de 1917, quando ele aderiu definitivamente à estética de vanguarda. Essa boa aceitação se intensificou com a implantação da República de Weimar, em 1919, que derrubou o regime imperial tradicionalista e abriu as portas dos museus às obras que desafiavam as linguagens artísticas tradicionais.

Durante os 15 anos da República de Weimar os museus alemães incorporaram cerca de 16 mil obras de arte de vanguarda e moderna aos seus acervos. Nesse período cerca de 50 obras de Lasar Segall foram compradas por instituições públicas de toda a Alemanha e várias dezenas passaram a integrar importantes coleções particulares. Esse ciclo chegou ao fim em 1933, com a ascensão do nazismo, quando a arte moderna tornou-se alvo de perseguição.

Radicado no Brasil, Segall incorporou-se ao nascente movimento modernista, sendo um de seus expoentes. Nas décadas seguintes, Segall ofereceu sua contribuição para o desenvolvimento da cultura no país. Durante a sua trajetória artística, Lasar Segall escreveu e publicou textos, proferiu conferências e, sobretudo, pintou, gravou e esculpiu incessantemente, buscando sempre manter-se fiel aos seus ideais estéticos.

O artista faleceu na cidade de São Paulo, em 1957, aos 68 anos, sendo reconhecido, já na ocasião, como um dos grandes nomes da arte moderna brasileira.*

* O texto reproduz fielmente o resumo da biografia apresentada pelo Museu Lasar Segall.

© 2023 Pinard

Grafia atualizada segundo o Acordo Ortográfico da Língua
Portuguesa de 1990, que entrou em vigor no Brasil em 2009.

Edição *Paulo Lannes*
Revisão *André Aires*
Projeto gráfico *Flávia Castanheira*
Impressão e acabamento *Ipsis*

Dados Internacionais de Catalogação na Publicação (CIP)
(Câmara Brasileira do Livro, SP, Brasil)

Mastrobuono, Pedro
　　Fervor: a sublimação de sentimentos através
　　da pintura e da poesia / Pedro Mastrobuono.
　　São Paulo, SP: Pinard, 2023.

　　ISBN 978-65-981636-0-0

1. Arte e literatura 2. Pinturas 3. Poemas 4. Poesia I. Título.

23-177060　　　　　　　　　　　　　　CDD-701.1

Índices para catálogo sistemático:
1. Arte e literatura 701.1
Tábata Alves da Silva - Bibliotecária - CRB-8/9253

PINARD

contato@pinard.com.br
Instagram @pinard.livros

ISBN 978-65-981636-0-0